Para:

De:

Direção de Arte: Trini Vergara
Desenho: María Inés Linares
Pesquisa literária: Enriqueta Naón Roca
Tradução para o português: Lelia Wistak

Referências bíblicas extraídas da Bíblia Sagrada Edição Pastoral (Editoria Paulus)

www.livropresente.com

Av. Elias Zarzur, 168 - CEP 06708-210 - Cotia - São Paulo - Brasil
Tel./Fax (55-11) 4612-2866 • e-mail: editoras@livropresente.com.br

ISBN: 85-7683-032-9

Impresso na China por Ava Books Production Pte. Ltd.
Printed in China

Um presente para a alma/ Seleção e edição de Lídia María Riba ; [desenho María Inés Linares ; tradução Lelia Wistak]. -- 1. ed. -- Cotia, SP: Vergara & Riba Editoras, 2005.
Título original: Un regalo para el alma.

ISBN 85-7683-032-9

1. Alegria 2. Amor 3. Citações 4. Máximas 5. Paz de espírito
I. Riba, Lidia María. II. Linares, Maria Inés.
05-8825 CDD-808.882

Índices para catálogo sistemático:
1. Paz de espírito : Citações : Coletâneas : Literatura
808.882
2. Paz de espírito : Máximas : Coletâneas : Literatura
808.882

Um presente para a alma

Seleção e edição de Lidia María Riba

V&R Editoras

Procurar Deus

Procurem Deus
enquanto ele se deixa
encontrar; chamem por ele
enquanto está perto.

Isaías 55:6

Vejo Deus nos rostos dos homens e das mulheres,
e no reflexo do meu semblante no espelho.
Encontro as cartas que Deus deixou cair nas ruas
e cada uma está assinada por Ele.
E Ele as deixou ali, porque sei que aonde quer que eu for,
outras sempre chegarão.

WALT WHITMAN

A religião é algo infinitamente simples e engenhoso.
Na ilimitada extensão do Universo é a direção do coração.

RAINER MARIA RILKE

Pois em ti, Senhor, se encontra
a fonte da vida e com a tua luz
nós vemos a luz.

Salmos 36:10

Se vocês guardarem
a minha palavra,
conhecerão a verdade,
e a verdade libertará vocês.

João 8:31-32

Uma vez que aceitamos a existência de Deus, seja qual for a nossa interpretação sobre Ele, seja como for que expliquemos nossa relação com Ele, Sua presença no centro das coisas nos satisfará plenamente para sempre.

Morris West

Minha idéia sobre Deus está formada pela profunda convicção emocional da presença de uma força racional superior, que se revela no incompreensível do Universo.

Albert Einstein

Tudo aquilo em que é possível crer é uma imagem da Verdade.

William Blake

Eu sou o pão da vida.
Quem vem a mim não terá mais fome,
e quem acredita em Mim nunca mais terá sede.

João 6:35

Não posso dizer “eu creio”. Eu sei! Tive a experiência de ter sido capturado por algo mais forte do que eu, algo a que as pessoas chamam Deus.

Carl Jung

A fé tem o poder milagroso de elevar o ser humano à maior das grandezas nos momentos de conflito.

Samuel J. Ervin

Quando você rezar
ao seu Pai ocultamente,
o seu Pai, que vê o escondido,
recompensará você.

Mateus 6:6

Rezar mentalmente não é mais do que estar em termos amistosos com Deus e conversar freqüentemente com Ele, em segredo.

Santa Teresa de Ávila

O silêncio não é algo que fazemos, senão um lugar
no qual entramos. Sempre está ali.
Falamos de guardar silêncio: só se guarda aquilo
que possui muito valor. E o silêncio é valioso
porque é de Deus. Em silêncio realizam-se os atos
de Deus. Só em silêncio pode-se ouvir Sua voz.

Madre Maria Isabel S.

Vou celebrar-te com a harpa,
meu Deus! Meus lábios te aclamarão,
e também minha alma, que resgataste.

Salmos 71:22-23

A oração é a paz do espírito, a quietude dos nossos pensamentos, o equilíbrio das nossas recordações, o mar da nossa meditação, o descanso dos nossos afãs e a calma em nossa tempestade.

Jeremy Taylor

A forma mais poderosa de energia que o homem pode gerar é a oração. A influência da oração sobre a mente e o corpo humanos é tão comprobatória como os processos físicos.
A oração possui uma força tão real como a lei da gravidade.
Abastece-nos com um autêntico fluxo de poder para sustentar a vida quotidiana.

Alexis Carrel

Senhor, ouve a minha oração,
e chegue a Ti o meu clamor.

Salmos 102:1

Não é a quantidade de livros que lês, nem a variedade de sermões que escutas, nem quantas vezes assistes a palestras religiosas, senão a freqüência e intensidade com que meditas sobre estes temas o que fará com que a verdade que eles contêm chegue a ser tua.

Frederick Robertson

Peçam, e lhes será dado;
procurem, e encontrarão;
batam, e abrirão a porta para vocês.
Pois, todo aquele que pede, recebe;
quem procura, acha;
e a quem bate, a porta será aberta.

Lucas 11:9-10

Não descobriremos terras novas
se não nos atrevermos a perder de vista
a margem durante longo tempo.

André Gide

A felicidade é isso. Dissolver-se em algo
muito grande e total.

Willa Cather

Escutem-me, filhos santos, e cresçam
como roseira plantada à beira d'água corrente.
Todas as obras do Senhor são boas, e Ele prevê
todas as necessidades no momento certo.

Eclesiástico 39:13 e 33

O que sei de ciência divina e das Sagradas Escrituras,
aprendi nos bosques e nos prados.

Bernard de Clairvaux

Tudo é milagroso: a ordem estupenda da natureza,
os milhões de mundos girando ao redor de milhões de sóis,
a atividade da luz, a vida dos animais.
Todos estes milagres são grandes e perpétuos.

Voltaire

Aprende a relacionar-te com o teu silêncio interior
e recorda que tudo nesta vida
tem um propósito;
que não há erros nem coincidências:
todos os acontecimentos
são bênçãos que nos são dadas
para que aprendamos algo por meio delas.

Elisabeth Kübler-Ross

Procurar o Outro

Um justo que se relacione
com os homens no temor de Deus
será como a luz da manhã
ao nascer do Sol,
manhã sem nuvens depois da chuva,
que faz brilhar a grama da terra.

2 Samuel:3-4

O amor é para o espírito exatamente
o que o Sol é para a Terra.

HONORÉ DE BALZAC

Encontra a semente no fundo
do teu coração e colherás uma flor.

SHIGENORI KAMEKOA

O amor é o umbral pelo qual a alma
passa do egoísmo ao serviço, e da solidão
ao conjunto da humanidade.

ANTONIA KRANTZ

Quão formosos são, sobre os montes,
os pés do que anuncia as boas novas,
que faz ouvir a paz.

Isaías 52:7

Teus atos, quando terminaram, na realidade não finalizaram, porque a boa obra é uma semente da vida eterna.

Santo Ambrósio

O bom vizinho olha além dos acidentes externos, e percebe as qualidades internas que fazem dos homens seres humanos e, portanto, irmãos.

Martin Luther King

Mantenhamos abertos os canais para que o espírito humano possa movimentar-se livremente entre as artes e as ciências. Assim, então, seremos melhores violinistas, cientistas, artistas, escritores e, sobretudo, pessoas melhores ao expandir e enriquecer as nossas necessidades pessoais para incluir os outros.

Yehudi Menuhin

Deus é amor: quem permanece no amor
permanece em Deus, e Deus permanece nele.
Quem ama a Deus, ama também o seu irmão.

1 João 4:16 e 21

É bom que tenhas uma religião ou alguma crença em particular. Mas, mesmo sem elas, podes sobreviver se sentes amor, compaixão e tolerância. A prova irrefutável do amor de uma pessoa a Deus, é o seu amor pelos seus semelhantes.

Dalai Lama

O homem está perto de Deus quando está perto do seu próximo. Se não nos aferrarmos às riquezas, ao egoísmo e à cobiça, estaremos mais perto de Deus.

Daniel Ortega

Deves amar tudo o que Deus criou, tanto o Universo como o ínfimo grão de areia. Amar a folha pequenina como também cada raio de Sol. Aos animais e às plantas. Se amares todas as coisas, atingirás o mistério divino que nelas habita e assim, dia a dia, tua capacidade de perceber a verdade aumentará, e a tua consciência se abrirá a um amor que abrange tudo.

Fiodor Dostoievsky

Ainda que eu tivesse o dom da profecia,
o conhecimento de todos os mistérios
e de toda a ciência;
ainda que eu tivesse toda a fé,
a ponto de transportar montanhas,
se não tivesse o amor,
eu não seria nada.
O amor se regozija com a verdade,
tudo crê, tudo espera.
O amor jamais passará.

1 Coríntios 13:2-8

A fé deveria ser sempre invencível
como o raio de luz, ao passo que o amor,
como o calor, deveria expandir-se e cobrir
as necessidades dos nossos irmãos.

MARTINHO LUTERO

Em vez de que te permitas ser infeliz,
deixa que teu amor cresça como Deus deseja.
Procura a bondade nos outros, ama cada vez mais
a mais pessoas, ama menos pessoalmente,
mais generosamente, sem esperar recompensa.
A recompensa chegará por si mesma.

HENRY DRUMMOND

Procurar a Paz consigo Mesmo

Eu deixo para vocês a paz,
eu lhes dou a minha paz.
A paz que eu dou para vocês
não é a paz que o mundo dá.
Não fiquem perturbados,
nem tenham medo.

João 14:27

Não recorras ao mundo. Procura em ti.
Somente no interior do homem se encontra
a verdade.

SANTO AGOSTINHO

Em nenhum lugar pode uma mente
encontrar refúgio mais pleno de paz,
nem mais livre de cuidados,
do que em sua própria alma.

MARCO AURÉLIO

NA CONVERSÃO E NA CALMA
ESTÁ A SALVAÇÃO DE VOCÊS,
E A FORÇA DE VOCÊS CONSISTE
EM CONFIAR E FICAR TRANQÜILOS.

ISAÍAS 30:15

No mais profundo de nós há um surpreendente
santuário da alma interior, um centro divino,
uma voz que nos fala.
A vida, desde esse centro, é uma vida cheia de poder.
É serena; é maravilhosa; é radiante.

T. R. KELLY

O que a natureza negou à vista foi revelado aos olhos da alma.

OVIDIO

Minha missão sobre a Terra é reconhecer o vazio dentro de mim e ao redor de mim. E preenchê-lo.

RABINO MENAHEM

Há um espetáculo maior do que o mar, e é o céu. Há um espetáculo maior do que o céu, e é o interior da alma.

VICTOR HUGO

A vida é uma chama e vivemos seguros graças a um Sol invisível em nosso interior.

SIR THOMAS BROWN

Quem me dera voltar aos tempos de outrora,
aos dias em que Deus me protegia,
quando a sua lâmpada brilhava sobre a minha cabeça,
e com a sua luz eu caminhava no meio das trevas!

Jó 29:2-3

Familiariza-te com os anjos e observa-os com freqüência com o teu espírito, pois mesmo sem que os vejas, eles estão sempre junto a ti.

São Francisco de Sales

Prefiro viver num mundo muito vasto, onde esteja rodeado de mistérios, a viver num mundo tão pequeno que só a minha mente possa compreendê-lo.

Harry Emerson Fosdick

Há um único cantinho do Universo que podes melhorar, e está em ti mesmo.

ALDOUS HUXLEY

Sê descuidado no vestir se não houver mais remédio, mas mantém tua alma em ordem.

MARK TWAIN

A sinceridade nas palavras aumenta a confiança; a sinceridade nos pensamentos permite a profundidade; a sinceridade na entrega aperfeiçoa o amor.

LAO-TSÊ

Podes cuidar a fé só como podes cuidar uma planta: semeando-a em tua alma e fazendo-a crescer ali.

PHILLIPE BROOKS

Por isso, façam esforço para pôr mais virtude na fé,
mais conhecimento na virtude, mais autodomínio no conhecimento.
Por isso mesmo, irmãos, procurem com mais cuidado
firmar o chamado que escolheu vocês. Agindo desse modo,
nunca tropeçarão. De fato, é assim que será amplamente aberta
para vocês a entrada no reino eterno.

2 Pedro 1:5-11

Seja firme e corajoso, não tenha medo
e não se acovarde, porque o Senhor, seu Deus,
está com você aonde quer que você vá.

Josué 1:9

Deus é a minha esperança, o meu descanso,
o meu apoio, a minha guia e a luz que guia os meus passos.

William Shakespeare

A alma deveria estar sempre alerta,
pronta para dar as boas-vindas
à experiência do êxtase.

EMILY DICKINSON

O humilde conhecimento de si mesmo
é um caminho muito mais seguro
para chegar a Deus do que a mais profunda
pesquisa científica.

THOMAS KEMPIS

Procurar a Alegria

Levante-se e brilhe,
pois chegou a sua luz,
a glória de Deus
brilha sobre você.

Isaías 60:1

A alegria é o eco da vida divina dentro de nós.

JOSEPH MARMION

A felicidade não está fora de nós,
senão em nossa união com Deus.

BLAISE PASCAL

Tu rezas em tua angústia e em tua necessidade;
deverias rezar também na plenitude de tua alegria
e nos dias de abundância.

KHALIL GIBRAN

VEJA: O INVERNO JÁ PASSOU!
OLHE: A CHUVA JÁ SE FOI!
AS FLORES FLORESCEM NA TERRA,
O TEMPO DA PODA VEM VINDO,
E O CANTO DA ROLA JÁ SE OUVE EM NOSSO CAMPO.

CÂNTICO DOS CÂNTICOS 2:11-12

Mantém a fé em todas as coisas belas.
No Sol quando se esconder atrás das nuvens, e na primavera quando já tiver passado.

ROY G. GILSON

Abri os olhos! O mundo ainda está intacto,
tão prístino como o primeiro dia, tão fresco
como o leite acabado de ordenhar!

PAUL CLAUDEL

O amor divino é uma flor sagrada que,
quando é um botão prematuro,
nos conduz à felicidade
e em seu esplendor converte-se
num casulo do paraíso.

Eleanor Louisa Harvey

As estrelas da alba cantavam juntas alegremente,
e todos os filhos de Deus jubilavam.

Jó 38:7

Deus me deu motivo de riso,
e todos os que souberem disso vão rir comigo.

Gênesis 21:6

Uma sublime esperança regozija o coração daquele que crê pois, em outras regiões do poder universal, outras almas a quem podemos amar e nos amam, estão rezando por nós.

Ralph Waldo Emerson

A felicidade consiste em abraçar alguma vocação que satisfaça a alma.

Sir William Osler

A alegria do coração é vida para o homem,
e a satisfação lhe prolonga a vida.
Anime-se, console o coração e afaste
a melancolia para longe.

Eclesiástico 30:22-23

Na alegria não só nos sentimos seguros, mas também que algo emana desde o nosso ser para o Universo, uma corrente cálida e generosa de amor.

John Buchan

O amor é a vontade, a vontade de compartilhar tua felicidade com todos. Ser feliz e fazer feliz, esse é o ritmo do amor.

Nasaragada Hamaharaj

Deus é o dia e a noite, o inverno e o verão,
a guerra e a paz, a necessidade e a saciedade.

Heráclito